講話CD付き

信念を高める

稲盛和夫
INAMORI KAZUO

サンマーク出版

信念を高める

目次

心に描いたものが実現する

魂の存在と心の「多重構造」

思いを実現させる心のあり方、考え方

生き方の神髄7

装丁・造本　菊地信義＋水戸部功
本文ＤＴＰ　山中 央
編集協力　京セラ株式会社　稲盛ライブラリー
京セラコミュニケーションシステム株式会社
株式会社鷗来堂
編集　斎藤竜哉（サンマーク出版）

本書は、二〇〇四年九月一日に行われた「盛和塾第12回全国大会」での講話をCDに収録し、その内容を書籍にまとめたものです。講演会場にて録音された音源のため、一部お聞き苦しい箇所がある場合がございます。どうかご了承ください。

書籍は収録した講話を文章にしたものですが、読みやすくするために、一部表現を変えるなど編集を加えてあります。

信念を高める

心に描いたものが実現する

心の大切さに気づかされた幼い頃の体験

私はこの盛和塾で、みなさん方にいままで、すばらしい企業経営哲学、もしくは人生観をぜひもっていただきたい、経営哲学なり自分の人生観なりをもって企業経営をやっていただきたい、ということをずっと言ってきました。

企業がうまくいく、いかない、人生がうまくいく、いかないというのは、まさにその人がもっている心のありようによって決まってきます、心のもち方、考え方によって、経営も人生も変わってきますと、もうみなさん、耳にたこができるほど聞いてこられたと思います。

私が心のあり方、心のもち方、考え方によって、人生も経営も変わってくるということに、いつ頃気がついたのかを、ちょっと過去に遡《さかのぼ》って考えてみました。

思い返しますと、私は十二、三歳のとき、旧制中学の一年生のときに結核にかかって、死ぬかもしれないという思いをしました。そのとき、隣に住んでおられた奥さんが生長の家に入っておられて、谷口雅春さんの『生命の実相』という本を持ってこられ、私が寝ている枕元で、「こういう本でも読んでみたら」と言って貸してくださった。

その本を読むと、谷口雅春さんの「心に描いたとおりのことが、あなたの周辺に現象として現れます。心が呼ばないものは、けっしてあなたの周辺に現象として現れることはありません」という一節がありました。

私は、私自身が結核という病を呼んだ覚えはないけれども、と子供心にたいへん悩んだことがありました。しかし考えてみますと、たしかに私の心が呼んだのではないかということに気がつきました。

私の家の離れに叔父《おじ》夫婦が住んでいました。私のいとこにあたる小さい子供もいました。その叔父は結核にかかり、ずっと寝込んでいて、奥さんがかいがいしく看病をしていました。

私は若干ませていたとみえて、結核というのは、いわゆる結核菌による伝染病だということ、結核患者がいる家では、周囲にうつって結核になる人が出ることも知っていました。

その叔父が長く寝込んだ末に亡くなり、看病していた奥さんも、そのあとを追うように結核で亡くなりました。私の父親は長男だったために、自分の弟、つまり私の叔父の面倒を、本当にきょうだい思いの父は、一生懸命みていました。

悪いことに、その叔父夫婦が亡くなったあとすぐに、さらに下のほうの叔父が同じように結核にかかって寝込んでしまいます。青白くなって、空襲がだんだん激しくなってくる間、たいへん苦しんでいました。

ガキで遊び盛りの私でしたが、結核は伝染病で空気感染する、結核菌が空中に浮遊していて、それを吸うと自分も結核にかかるということを、いろんな本を読んで知っていた。ところが、裏の川に魚釣りに行ったり、泳ぎに行ったりするのに、私の家と離れとの間を通って出ていくのがいちばん近道だったので、表から行ってもわずかの回り道なのに、離れとの間を通り抜けて川によく遊びに行っていたのです。

そのとき、鼻をつまんでそこを通っていました。時間がかかると息が苦しいので走るのですが、途中で息が切れないよう深呼吸をして走っていく、というようなことをやっていました。

とくに亡くなる直前には、体がだんだん弱ってきて体温が下がってくると、結核菌がよりたくさん空中に浮遊するということもあったため、叔父が死んでいくときに死に水をとり、一生懸命介抱する父親を見て、お父さんも結核にかかるのではないかと心配していました。

けれども、けっきょく結核を忌み嫌って、そこから逃げよう、逃げようとした私が結核にかかり、全然気にしなかった兄は何ともありませんし、ましてや結核菌のなかに埋もれるようにして自分の弟を一生懸命看病した父親も、結核とはまったく無縁だったのです。

そういうことを反省して、生長の家の谷口雅春さんが言われるように、私は、やはり私の心のあり方によって結核にかかったというふうに思った。つまり心というものが大事だと思ったのが、十二、三歳のときでした。

松下幸之助さんの一言になぜ衝撃が走ったか

そのあと、京セラを始めた直後、松下幸之助さんが「ダム式経営」について講演をされたことがありました。経営がうまくいっているときに、いいわ、いいわでいくのではなく、ダムのように利益をためて、必要なときにそれを使っていく。つまり、雨が降ったときにダムに水をためて、一定量の水を流していくということをしなければ、経営はうまくいかない。

ダムをつくらず、儲《もう》かったら儲かったですぐに使ってしまう。そして日照りが続いたら、つまり利益が出なくなったらきりきり舞いで経営をする、ということではダメですよと。

ダムをつくって、調節して、つねに安定して一定のお金を使っていくダム式経営をすべきだという、有名な「ダム式経営」という話でした。

その講演を聴いたのですが、もう何回も言っていますからみなさんもご承知のとおり、終わったときに聴衆の方が、「ダム式経営が必要だということはよくわかります。しかし、松下さんは余裕があるからダムをつくってとおっしゃいますが、我々はもう現在が火の車で、毎日毎日がその日暮らし、ダムをつくるという余裕なんかありません。どうすればダムをつくれるかを具体的に教えてもらいたい」と質問しました。

そのときに幸之助さんは、はたと困ったような顔をされて、しばらく沈黙されたあと、「いや、それはダム式経営が必要だと思わんといけまへんな」と言われた。それっきり、もう説明をされませんでした。

一呼吸おいて、聴衆から失笑が漏れました。そんな答えでは答えにならんではありませんかというわけです。具体的な話を聞きたい、どうすればダムがつくれるのかという話を聞きたいと質問しているのに、「ダムが必要だと思わんといけませんな」と言われて終わったのです。

しかし私はそのときに電撃が走ったように感じました。思うということが大事なのだ。具体的なことは教えられるわけがないのであって、まずオレはダム式経営をしたいと思うことが始まりなのだ。思ってやり始めれば、いろんな創意工夫をして、ダム式経営というものを考えていくことができる。まず思わなかったら何にもできないのだ――。

思うということ、心に思うということがいかに大事かということに気づいたのが、そのときでした。

経営のなかで訴え続けた〝思い〟の大切さ

そのあと京セラという会社を経営しながら、私はみなさんにもしょっちゅう申し上げてきました、人生・仕事の方程式を思いつきます。

「人生・仕事の結果＝考え方×熱意×能力」、この「考え方」が心に思うこと、心にどういうことを考えるかということなのです。

「考え方」が人生も仕事も全部決めるということに気がついて、私はこの方程式を社員にこのように説明していきました。

「能力も熱意も大切だけれども、考え方はさらに大切なのです。この三つの要素が積で、かけ算でかかってくるので、人生、また会社経営の結果はひじょうに大きな差が出てきます。少しぐらい能力が違うといっても、それは問題ではありません。熱意と考え方が違えば、すばらしい差が出てくるのです」

心に思うことが大事だということに気づき、こういう方程式を言い始めたのです。

それからしばらくして中村天風さんの哲学に触れる

と、天風さんも心に思うことが大事だとくり返しくり返し言っておられました。

けっして自分の未来に悲観的な思いをもってはなりません。明るく、すばらしい幸運に恵まれた未来が必ずあるのだと信じて努力をしなさい、ということを言っておられるのに触れたときに、やはり、心に思うことが大事だということに気がついたわけです。

それから、一九七八年に社内のスローガンとして、私はこういうことを言いました。

「潜在意識にまで透徹するほどの強い持続した願望、熱意によって、自分の立てた目標を達成しよう」

心に思うこと、つまりそれは願望です。どうしてもこうありたいという願望、潜在意識にまで透徹するほどの強く持続した願望、熱意によって、自分の立てた目標を達成しよう、これはそのときに心に思うこと、つまり願望は必ず達成できると思って、こういうスローガンを掲げたのです。

そのあと、このスローガンをもとにして「六つの精進」というものをまとめ、社員に話をしました。このなかで私は、毎日反省をするということ、利己の反省及び利己の払拭ということを言っています。つまり、反省することによって、心をきれいにしていくことが大事だと言っているわけです。

それから、「経営十二カ条」の話もしてきました。「経営十二カ条」の三番目に「強烈な願望を心に抱く」とあります。心に描いたとおりになるのだから、強烈な願望を心に抱いて経営にあたるべきですと言ってきました。

古今東西の哲人が説いてきた「因果の法則」

同じ頃、安岡（正篤）さんの哲学にも触れました。そのなかで『陰隲録《いんしつろく》』（中国の書）に触れて、因果の法則というものがあると知りました。善きことを思えばいいことが起こるし、悪いことを思えば悪い結果が生まれるという因果の法則があることに気づかされたのです。そして、心に思うことがたいへん大事だと気がついたわけです。

その後、さらに仏教の教え等に触れながら、あらためてこの因果の法則を確認し、勉強させていただきました。

ごく最近では、ジェームズ・アレンの『「原因」と「結果」の法則』という本に出合いました。そのなかにも同じように、心に描いたことが原因となって結果が現れると書かれています。

そういうこともあって、私は先般、『君の思いは必ず実現する』という本を著しました。青少年たちが本を読んで、自分の思いによって人生が変わっていく、思いは必ず実現するということを信じてくれるようにと願って書いたのですが、多くの方々からたくさんのお手紙を頂戴しています。

とくに私は、この本については、出版されるときに出版社の社長に、「千部私が買います。北は北海道から南は沖縄まで、犯罪を犯して少年院や鑑別所に入っている子供さんにぜひ送ってあげてくれ」と言ってお願いしました。

少年院や鑑別所に入っている子供たちからもたくさんの手紙を、出版社を通じて頂戴しています。「この本を読んで勇気づけられました。稲盛さんが言われるように必ず更生し、少年院を出たら、鑑別所を出たら、きっと立派な人間になるつもりです」と、そういう手紙をたくさんいただいています。

すぐに結果が出なくても因果の帳尻は必ず合う

そうしたことがあって今日までできていますが、考えてみますと、心のなかに思うことによって、人生も企業経営も決まるということを、ずっと言い続けてきました。

心に思ったことがそのまま、人生でも企業経営でも、そのまま現れていく、思いは必ず実現するということを言ってきました。

しかし、どうもそれが、一たす一が二というふうに整然となっていない。いいことをしてもいい結果がすぐには生まれないし、悪いことを思い、悪いことをしても、すぐに悪い結果が生まれるということでもないので、人はそれを必ずしも信じていません。

なぜかというと、思いが実現するのには、少し時間がかかるのです。すぐに結果が出ないので、人は信じないのです。

もう一面では、人間には運命というものがあります。運命はもともと決まっています。幸運なときもあれば、災難に遭うときもあります。

たまたま運命的に幸運な時期に遭遇したときに、少しぐらい悪いことを思い、悪いことをしても結果がすぐ悪くならない。つまり、運命の幸運と、思ったことの悪さとが打ち消し合って、あまり変化がなかったりするのです。

また、運命的にはひじょうに悪い時期に差しかかったときに、少しぐらいいいことを思い、いいことをしてもけっしていい結果が生まれない。それも運命と打ち消されてしまって、結果がすぐ出ないわけです。

そういうことがあるので、一たす一が二というふうにきれいに出てこないために、因果の法則を多くの方が信じないのです。しかし、この宇宙には、厳然と、それは事実としてあるのです。

そういうことを、一生懸命言ってきました。

思いは必ず実現すると一方では言いながら、思ってもそれがすぐに結果に出てこなかったり、運命との重なり合いのために結果がうまく現れない。しかしそれでも宇宙の摂理として、因果の法則はあるのですと言ってきたわけです。

なぜ同じように思っても、実現したりしなかったりするのだろう。必ず思いが実現するためには、どうすべきなのかということを、私なりに一生懸命、考えてみました。

「思う」というのはどこで思うのか、どういうふうに思うことを「思う」といっているのか。「思う」という心のあり方といっても、抽象的でよくわからないと思うのです。

そこで今日は、心というものがどうなっているのかということから、どういう思い方をするべきなのか、ということをお話ししてみたい。

こういう思いをすれば、一たす一が二というふうに必ず実現するのではなかろうかということをお話ししてみたいと思います。

魂の存在と心の「多重構造」

魂の真ん中にある純粋で美しい「真我」

私は、人間には根源として真我《しんが》というものがあると考えています。真我とは、森羅万象あらゆるもの、生物、無生物を含めてあらゆるものを存在としてあらしめているものです。

つまり、宇宙そのもの。仏教では森羅万象あらゆるものに仏が宿るといいますが、真我とは仏であり神様であり、言葉を換えれば宇宙そのもの、宇宙の分身のようなものです。

それが、人間を人間たらしめている根源的なものであり、この真我をもって我々はみな生まれてくるわけです。

愛と誠と調和に満ちたもの、つまり純粋で美しいもの、そして真・善・美という言葉で表現できるのが真我です。これは穢《けが》れのない、気高い、美しいものです。

真我は何回も輪廻転生《りんねてんしょう》をくり返して、現世へ出てきます。そして現世でいろんなことに遭遇し、そのときに思いが真我の表面に汚れのようにこびりついていきます。

真我の表面に、これまで輪廻転生をくり返して経験したこと、思ったこと、実行したことが残渣《ざんさ》のように積もっていくのです。真我を真ん中にして、そういうものを含めたものが魂です。

ですから、魂というものが最初に宿って我々は生まれてくるわけですけれども、この魂というのは過去にいろんなことを経験しています。

生まれながらにして根性の悪い人は、よっぽど過去にいろんな苦労をしたりして、心がひん曲がった人かもしれません。つまり、いいこと悪いこと、あらゆるものが真我の上にこびりついてできたものが、魂なのです。

いくつもの「心」が層をなして存在している

一方、両親のもとで精子と卵子が結合し、新しい生命がお母さんのおなかの中で生まれるわけですが、だんだんと赤ちゃんがおなかの中で大きくなっていく、そのときに肉体がもっている心が本能です。

魂のところまでは目に見えませんが、卵細胞がお母さんのおなかの中で分裂を始めてどんどん成長していく、というように、最初の細胞分裂を始めさせる、つまり見えるものを作り出す指令を出すのも、私は本能の一つの役割だと思っています。

そして、次から次へと、手ができ、足ができ、目ができというふうにして体を作っていきますが、これは本能がもっている生命を維持する機能です。五体健全で生まれてきたときには、食欲、性欲、闘争心など、生命を維持するために必要な本能というものを肉体としてもちます。これが肉体的に出てくる最初の心です。つまり、腹が立って怒ったり、ひもじいときに物を食べたいと思ったりする。これは、本能にもとづくもので、最初に出てくる肉体的な心です。

次に出てくるのが感情です。もちろん、子供心にも感情というのをもっています。赤ん坊でも嫉妬心をもっていて、お母さんの愛情が人に奪われそうになると、それに対して嫉妬をする、怒りを表す。そうした感情をもっています。

感情というのは、低次元の自我、自分だけよければいいという身勝手な自我です。

感情の次に感性、五感があります。赤ちゃんが、最初のうちは目が見えないのがだんだん見えるようにな

り、耳が聞こえるようになり、感性が盛んになってい
きます。

そして、三歳ぐらいから十二、三歳ぐらいまでの間に、脳がどんどん発達して知性が増していきます。つまり、幼児期から少年期にかけて知性が発達して、頭がいい悪いというのができてくる。この知性の段階でも物事を考えますから、これも思うということです。

真我から知性までの全体を、我々は総称して、漠然と「心」と言っています。だから、どこで考えるかというと、これらを総称した「心」で考えると、こう言っているわけです。

目に見えない魂というものがあります。その魂が稲盛和夫という肉体に宿っていて、肉体そのものがもっ

ている心、つまり本能、感情、感性、知性という心があります。

つまり、これも見えないけれども、いわゆる魂というレベルでもっている心と、肉体がもっている心があります。

最後に形成される知性が発達すると、一人前の少年になるわけですが、不幸にして生まれたときに脳に欠陥があって、この知性が発達しなかった、または一部欠落をするということがあると、知的障害児として人生を送っていくわけです。

そういう子供さんの場合に、たとえば音楽のすばらしい才能があるとか、絵に対して鋭い感覚をもってすばらしい絵を描くということがあります。美的感性、つまり美しいものを美しく見る目、または音楽に対する感性といったものが表面に露出するのです。

我々一般の凡人は、すばらしい感性が出てこない。それが、知性のところに若干欠陥があるために、感性がもろに外に出てきて、すばらしい絵を描いたり、すばらしい音楽ができたりする。そういう感性にあふれた子供さんが知的障害児におられるのをみても、たぶん「心」は私がいま言ったような構造になっているのではないかと思うのです。

また、我々は年がいくと、私ももう年ですけれども、だんだん年がいくにつれてぼけてくる。知性がどんどん薄くなって消えていくわけです。

そうすると、知性が衰えると同時に感性、五感が研

〈心の多重構造〉

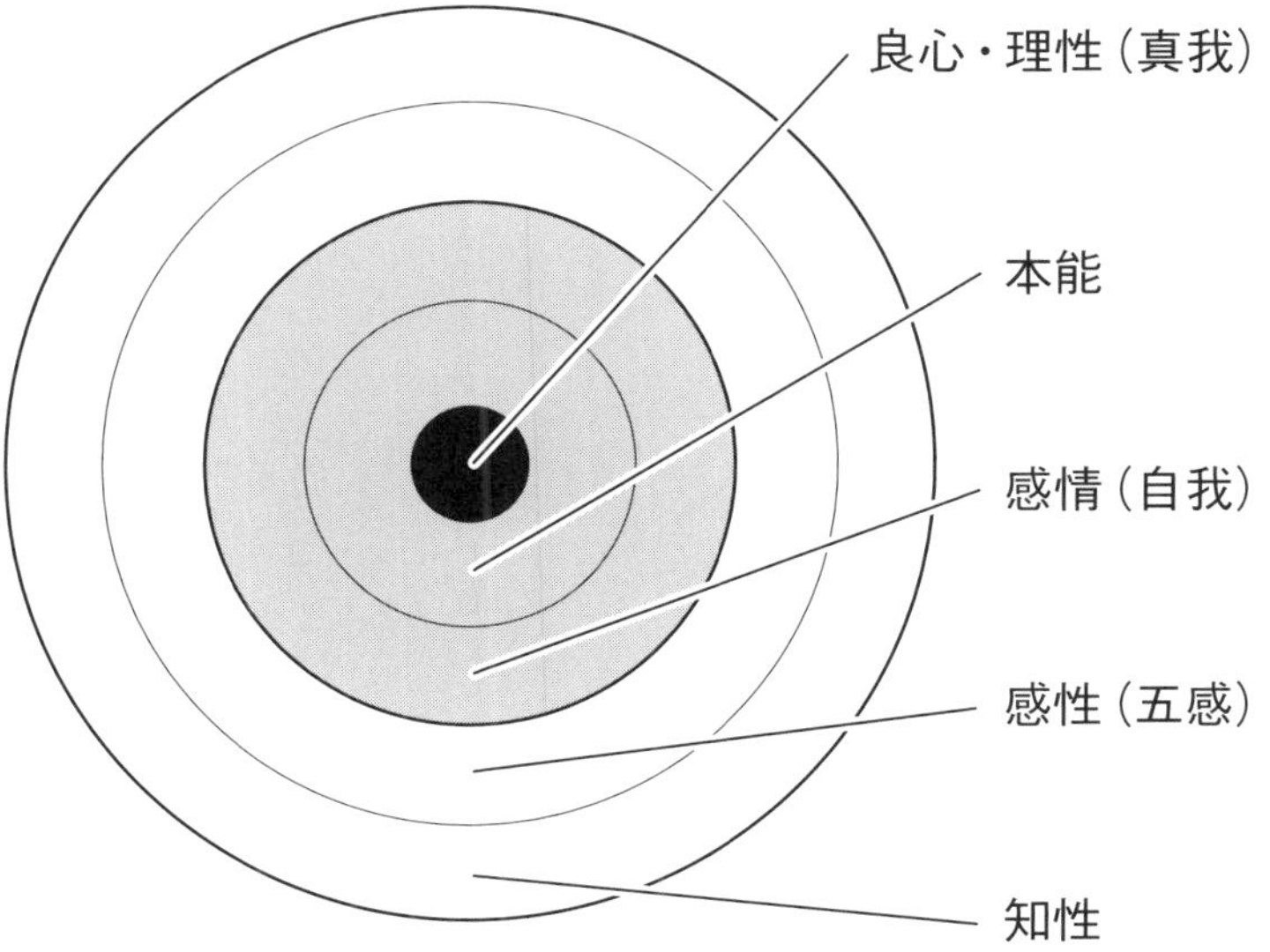

ぎ澄まされていきますが、これもだんだん衰えてきて、物が見えなくなる、音が聞こえなくなって耳が遠くなるというようなことになっていきます。

感性、五感が消えていくと、次は感情が表に出てくる。感情が高ぶって怒りやすくなるとか、ひじょうに感情的になる。そして、この感情も消えていくと本能でただ食事をする、排泄《はいせつ》をするということになり、本能が消えると魂だけになって死を迎える。

つまり、生まれてくるときには魂、本能、感情、感性、知性の順で形成されていきますが、死が近づくに従って知性から消えていき、そして死んでいくのです。

思いを実現させる心のあり方、考え方

思いを「心の信念」にまで高めよ

そうすると、「心に思ったら、その思ったとおりの人生になります」と言いましたが、心で思うとはどういうことなのかということになります。

我々は企業経営をする場合でも、自分の人生を考える場合でも、まず最初に知性のレベルで「自分の会社や人生をこういうふうにしたい。こうやったらこうなるだろう」と考えて計画を立てます。そして、それを実行していこうとします。

私は、「経営十二カ条」のなかで最初に、経営の目的、意義を明確にしなさいと、そして二番目に、具体的な経営計画を立てなさいといっていますが、それはまさにこの知性のレベルで考えるわけです。

では知性だけかというと、そうではありません。その下の下にある感情のレベルでも考えます。「あの同業者が一生懸命がんばっているので負けたくない、何としてもあいつをやっつけたい」などと感情のレベルでも考えています。

感情のレベルというのは低次元の自我、つまり俗っぽい自分、低俗な自分です。儲けたいとか負けまいというようなことを、そういう感情のレベルで考えるわけです。

つまり、普通一般に我々が企業経営をする場合、知性で「うちの会社はこういう計画を立てて、こういう経営をしていこう」と考える。もしくは、感情のレベルで「何としてもあの同業者には負けたくない」「もっと金を儲けたい」と考える。そのように知性のレベル、感情のレベルで物事を考えるのが普通です。

たぶんみなさんも、私も含めて全員がそうだと思います。

しかし私は、そういう思いで会社がうまくいくのだろうかということを、若い頃からずっと疑問に思ってきたのです。

それで、一九七八年、いまから二十数年前に先ほどのスローガンを掲げたのです。思いというのが、知性のレベル、感情のレベルで会社経営をこうしたい、ああしたい、こうすればこうなるだろうと考えたこと、そういう軽いことではなくて、潜在意識にまで透徹するほどの強く持続した願望でなければならない。

つまり、ただこうありたいと心に思うような、知性とか感情のレベルで考えたことでは、その思いは成就するはずがないと、当時思っているのです。思っているから、潜在意識にまで透徹するほどの強く持続した願望と言っているわけです。

「経営十二カ条」でも、「強烈な願望を心に抱く」と、すさまじい表現を使っています。

たしかに経営計画というのは知性のレベル、または感情のレベルで立てるけれども、ただたんに知性や感情のレベルで考えただけのものではなく、潜在意識に透徹するほどの思いでなければいけない。

知性や感情で考えたけれども、それを下のほうへ、つまり魂のレベルまで押し込んでいくような、潜在意識にまで透徹するほどの強烈な願望が要る。

心の奥の奥にある潜在意識に透徹するほどの強く持続した願望でなければ物事は成就しないということを、その当時から思っていたのです。

知性という心の表面だけで思うことではなく、もっともっと奥のほうに入っていったもの。低次元の自我である感情のレベルを超え、煩悩のレベルを超えて、さらに心の奥底へ入っていくような、そういう思いでなければならないのではないかと思ったから、スローガンを使い、また「経営十二カ条」をつくってみなさんにもお話をしたわけです。

言葉を換えると、知性、感情のレベルで心に思うこと、考えることというのは、信念という言葉を我々はよく使いますが、信念という言葉を使わせてもらうと、知性や感情のレベルで考えることというのは「知的信念」です。

「知的信念」ではダメなのであって、心の奥底の「心の信念」にまで高めなければ、「心の信念」にまで高まっていなければ、思いは実現しないのです。

反省を重ねることで現れる気高い「利他の心」

私は「六つの精進」でも、人間として反省のある人生が大切であり、日々反省をすべきですと言っています。つまり邪《よこしま》な、利己的な自分というものを反省によって抑えて、美しい利他の心が出てくるようにと言ってきました。

人間は、ちょっと最近、自分は横着になったのではないかとか、傲慢になったのではないかというので反省をするという作業を、知性を使って行います。

感情のレベルの低次元の自我、つまり煩悩を抑えるということを、我々は知性を使って行っているわけです。

反省をして、低次元の自我を抑えると空間ができます。その空間には、自然に利他の心というものが湧いてきます。オレがオレがという利己的な心を抑えれば、そこに美しい利他の心が現れてくると、私は何回も言ってきています。

知性で反省をして、感情、感性を抑え、本能を抑えていくと、美しい、気高い、利他の心が現れてくる。真我、魂から、理性と良心が出てくるのです。

この理性と良心は利他の心と同じものです。理性、良心、利他の心というのは、魂、真我から発する気高く美しいものです。

たとえば、良心がとがめるといいますが、自分が悪いことをすると良心がとがめて、もう二度とするまいと思ったりする。

また、理性というのは、あの人はたいへん理性的な人だと、物わかりがよくて、心が穏やかな人のことを理性的な人といいます。逆に、狂ったような人のことを理性を失った人と、こういったりします。

つまり、理性、良心がつねに心の表面に、間欠泉のように出てくれば、美しい、気高い、崇高なすばらしい高次元の自我が、我々の心を支配してくれるようになります。

この理性、良心のレベルで思うことというのは、ひじょうに大きなパワーをもっていると私は思っています。つまり、理性、良心のレベルで物事を思った場合には、それが必ず成就するのです。

知性や感情で思ったことは大した力をもっていませんが、理性、良心のレベルで思うことはたいへん大きな力をもっていると、私はいまになって思うわけです。

理性と良心で考え抜いてこそ成功はもたらされる

いまから二十数年前に第二電電を始めたとき、みなさんにも何回も言っていますが、私は知性と感情のレベルで設立の計画を練りました。

そして、いよいよスタートを切ろうというときに、実は半年間、毎日のように「動機善なりや、私心なかりしか」ということを問い詰め、私が第二電電をつくろうという思い、動機は不純なものではないし、けっして私利私欲に満ちたものではないということを確認しました。

つまり、感情とか本能、欲望とかというレベルで考えたのではない。具体的な第二電電の事業計画は知性のレベル、感情のレベルで練っていますが、それをただ練っただけですぐにやろうというのではなく、「その計画を引っ提げて、おまえは第二電電をつくろうとしているけれども、動機善なりや、私心なかりしか」と自らに問うた。

本能、感情という低次元の思いではないだろうな。いや、そうではない。私は私利私欲のために、自分の手柄、功名のためにやるのではない。日本の電気通信事業が電電公社（現ＮＴＴ）という一社独占のために、たいへん高い通信料金で国民大衆が困っておられる。

それを救うために私はやるのだ。

真我、魂から間欠泉のように出てくる理性、良心、気高くすばらしい、人のため世のためにという思いにまで、知性で考えた計画を落とし込んでいきました。つまり、心の構造のいちばん奥底まで落とし込んでいった。理性、良心のレベルで第二電電というものを考えたから、成功したのだと思うのです。

ただたんに知性や感情のレベルだけで考えていたら、優秀な技術屋を集め、優秀な人材を集めて、「さあ、やれ」と言っても、こうはならなかったと思います。

その証拠に、私が名のりを上げたとき、当時の国鉄も、自分のところは鉄道通信という部隊を持ち、運行に必要ないろんな情報を連絡するために専用の電話回線を持っている。また、鉄道通信の部隊には何百人もの技術屋を抱えている。

そして、東京、大阪間の長距離通信をするには、新幹線の側溝沿いに光ファイバーを引けばかんたんにできるというので名のりを上げました。

知性、感情のレベルでは、断然向こうのほうが強かったし、新聞の論調もすべてがもう勝負はあった、国鉄が強いというものでした。

さらに当時の道路公団と建設省を中心にした官僚たちが、国鉄だけではない、我々は名神高速道路を持っている、高速道路の横に光ファイバーを引けばかんたんに長距離通信ができるということで、名のりを上げました。

ところが、ご承知のとおり、現在ＮＴＴと対抗できる第二位の会社として、第二電電を中心に合併してできたＫＤＤＩだけが残っています。

華やかに電子通信事業の自由化が始まって、みんなが参入したけれども、第二電電だけが残っているのをみても、ただたんに知性や感情で考えたものは、立派な技術屋がいて、資源があり、資金があり、すべての条件がそろっていても、成功するとはかぎらない。利己的な心を抑えて利他の心を出していくという、そういう利他の心のなかで考える計画でなければ、それを成功させるパワーをもっていないのです。

つまり、思ったことが実現できる、思ったとおりになるという、そういう強力なパワーをもつのは、利他の心をベースにした計画、思いでなければならないのです。理性、良心の力を借りた計画でなければ、理性、良心の力を借りた思いでなければ実現しないと思うわけです。

ですからいままで私は利己的な自分というものを抑えるために仏教の六波羅蜜《ろくはらみつ》を例にとって、自戒、つまりやってはならないことというのは守らなければいけないと、みなさんにずっと言ってきたのです。

実現する思い、しない思いは何が違うか

思いは必ず実現するといっても、ある人は会社経営がうまくいき、ある人はなかなかうまくいかなくて苦しんでおられる。それは、どのレベルで思っているか

ということです。

思いには質があるのです。知性のレベルで思うことが高級そうにみえますが、そうではありません。もっともっと心の奥底の理性、良心のレベルで思うということ、利他のレベルで思うということ、そういうことでなければ思いは実現しないのです。

理性というのは、真我から直接発するものであって、人間の内側にある本能、感情という動物的な意識と神の意識、つまり真我の境界に存在しているものです。

つまり、理性とは真我から直接発するものであって、人間の心の内側の動物的な意識と、神の意識との境界にあるもの、それが実は理性なのです。

理性は元来、清らかで気高く、穏やかで、公正なあらゆる思いと結びついています。また理性には、人間の内側に存在する気高いもの、清らかなもの、美しいもののすべてを表面化させる力があると、これはジェームズ・アレン（英国の思想家）が言っています。

つまり理性は、人間の内側に存在する気高いもの、清らかなもの、美しいもののすべてを表面化させる力をもっていると言っています。

ジェームズ・アレンはこのようなことも言っています。「人は、親切で穏やかな人間を理性的な人間と呼ぶときがあります。また、野蛮な行いに出る人間を理性に従わない人間と、普通、人は言います。そして、完全に狂った人を、人は理性を失った人間と呼んでいます」と。

つまり、理性というのは、いまのこの表現で、親切で穏やかな人間は理性的な人間というし、そして、若干野蛮なことをするような人を理性に従わない人間といい、また、狂った人を理性を失った人間といいます。

この理性というものが、我々の心のなかでいちばん大事だと、私は思っています。

感情にとらわれず、真実をみる目をもつ

また、「感情という心のレベルで、感情に操られながら生きているのが人間で、憎しみや怒り、自分だけを愛する自己愛などにとらわれているとき、真実をみる目を失っています。人間は身勝手な自我と感情を克服して、初めて神の秩序を知ることができます」とい

われています。

感情に操られている身勝手な自我、低次元の自我、感情とか本能のレベルで物事を考えて仕事をしていると、そういう人の周辺には、必ず同じような感情にとらわれている人たちが集まってきます。

よく「私はいま、たいへんひどい目に遭っています。同業者にこうしていじめられ、人間関係でも人にこんなことを非難、中傷されて困っています」というようなことをおっしゃる方がいます。

つまり、感情のレベルでひじょうに揺れ動いておられるのです。その方は、たまたま悪い人に遭遇して、そういう目に遭っているのかというと、横に住んでいる方は、まったくそんな目に遭っていない。

感情のレベルで物事をいつも考えている人は、同じように感情で考えている人とつきあい、吸い寄せられているのです。

人を憎んだり疑ったり、または怒ったりする人、自分だけよければいいという感情的な人の場合、それに類するような人たちが周辺に現れて、つねに自分はその人たちにいじめられている、大変な目に遭わされているとおっしゃるのです。

しかし、同じ環境にいながら、全然被害に遭っていない人もいます。感情のレベルから離れて、下のほうの理性、良心の世界に住んでいる人の場合は、よしんば感情的な人に出会っても、そういう目に遭わないというケースがよくあるのです。

私は経営者として、トップとして、目が曇ってはいけません、判断力が曇ってはいけませんと言っていますが、経営者の判断力や目が曇るのは、感情、本能のレベルにとどまっているからです。本能、感情、もちろん知性も含めて、そういうものにこだわっていたのでは、真実がみえないのです。

反省し、そういうものを全部抑える。それを私は、「利己、我欲を抑えて利他の心を」と言いました。

理性、良心が芽生えてくる状態をつくり、そういう状態で心を保っていると、ものがみえるのです。みなが苦しんでいるのに、「どうして苦しんでいるのか。そんなバカなことはない。それはこうしたらいいのだ」というのがみえてくるわけです。

心の清らかさこそが、成功へのパワーの源

ジェームズ・アレンは、『「原因」と「結果」の法則』のなかで、「感情の奴隷となっている人たちが、いろいろなひどい目に遭っている同じ場所で、感情を克服した人々はたいへん穏やかで平穏な日々を送っています」とも言っています。

身勝手な自我と感情を抑制し、コントロールして、知性で反省をすることによって、気高く美しい理性を発動させることができるはずだと、私は思います。

自分自身の心を浄化する、純化するということを、私はしょっちゅう言ってきましたが、心を純化、浄化することは、私たちに真の強さとパワーをもたらすこ

となると私は思っています。

私たちをすばらしい、有能な、力強い、そして何をやっても成功する人間にしてくれるのは、まさに魂を浄化し、美しい真我から発する理性と良心のレベルでものを考えるということができるようになったときだと思っています。

清らかな心をもった人間ほど、さまざまな面で有能です。清らかな人間ほど、芸能の面であれ芸術の面であれ、ビジネスの面であれ、また学問の世界であれ技術の世界であれ、あらゆる面で有能なのです。

ですから、目の前の目標も人生の目的も、穢れた人間よりはるかに容易に達成できる能力をもっています。

穢れた心をもった人間が敗北を恐れて躊躇《ちゅうちょ》し、踏み込もうとしない場所にも、純粋で清らかな心をもった人間は、平気で足を踏み入れていきます。

そして、あれよあれよというまに、いともかんたんに勝利を手にしてしまう。そういうことを我々はよく目にします。

欲望にまみれ、自分だけよければいいという低次元の自我にとらわれた人間は、この事業をやりたい、あの事業をやりたいと思うけれども、ひじょうにリスクを伴うからと、敗北を恐れ、躊躇して踏み込んでいけない。

しかし、心を磨いて純化した清らかな心をもった人は、平気な顔をして、そのむずかしくリスクのある仕事にいともかんたんに手を出す。

そして、いまにひどい目に遭うぞと思って見ていると、いともかんたんに成功させてしまうのです。

結論として、我々は普通、知性、感情、本能のレベルで「思う」ということをします。しかし、そういう軽い思いではなく、もっと心の奥の奥にある真我から発する理性、良心のレベルで「思う」。もしくは利己を抑え、欲望を抑えて、利他の心のレベルで「思う」。そうでなければ思いを実現することはむずかしいと私は考えています。

もちろん、知性、感情のレベルでも、来る日も来る日も、どうしてもこうしたい、こうしたいと思い続けていれば、それは自然に潜在意識まで浸透していきます。

そうして、もう知性や感情のレベルではなく、潜在意識にまで浸透していっている、そういう強い願望というのは成就すると思います。

いままで、心に思うことが大事です、思ったとおりの人生が目の前に広がっていきます、思ったとおりの事業展開ができていきますと申し上げてきました。

しかし「思う」というのは、もっと心の深いところにある、大きなパワーをもった理性、良心、利他の心で思う「思い」でなければならない。このことに、数か月ずっと考えていて気がつきました。

このことはどうしてもみなさんに言っておかなければならないと思ったので、今日、お話ししました。これで終わらせていただきます。

生き方の神髄 7

稲盛和夫箴言集

61.

人生は心のありようですべてが決まっていく。それは実に明確で厳然とした宇宙の法則である。

（『心。』）

62.

人間の「思い」というものは、我々の想像を超えた、すさまじいパワーを秘めている。だから、何も心配することはない。まずはいっさいの疑念をもたず、「何としてもそれを実現したい」という強烈な「思い」を抱くことが何よりも大切だ。そうすることで、実際に「思い」は必ず実現していくと私は信じている。

（『活きる力』）

63.

何か事を起こすときは、まず思い込まなければならない。「これが理想的であることはわかっているけれど、現実にはそんなことは不可能だ」と自分に言い続けていたら、何も起こせはしない。強烈な願望を描き、心からその実現を信じることが、困難な状況を打開し、物事を成就させるのだ。

（『［新装版］成功への情熱』）

64.

願望を潜在意識に浸透させるには、寝ても覚めても、くり返し考え抜くことが必要だ。つねにその願望のことだけを、すさまじい気迫で考え続ける。すると、潜在意識は、たとえ寝ているときですら働き続け、願望を実現する方向へ自分を向かわせてくれる。

（『考え方』）

65.

人生は、たった二つのことからできあがっている。一つは、その人がもっている「運命」であり、もう一つは、「因果応報の法則」である。運命とは宿命ではない。波瀾《はらん》万丈の人生の節々で、心に何を思い、何を行うのかによって、運命は大きく変えることができる。善因は善果を生み、悪因は悪果を生む、この因果応報という横糸を、運命という縦糸に織り込んでいくことで、人生という一反の布地ができあがる。

（『人生の王道』）

66.

魂の中心には、人の心のなかでもっとも純粋で、かつもっとも崇高で美しい「真我」がある。それはすばらしい「真・善・美」の世界であり、愛と調和に満ちたものであり、さらに万物を万物たらしめている「たった一つの存在」とまったく同じ存在そのものでもある。

(『心。』)

67.

人間は、しばしば本能をベースとして判断を行う。しかし、それでは動物と同じだ。本能を抑えなければならない。利己的な欲望が出てきたときに、意識してそれを抑え込もうとすることが必要なのだ。そうすることで、理性を発揮し、正しい判断を行うことができる。

（『［新装版］成功への情熱』）

68.

本能、感性、知性では、必ずしも正しい判断ができるとはいえない。人生の重要な局面や、会社の行く末を左右する大切な判断であればあるほど、それは「真我」にもとづいた「魂」から発したものでなければならない。

（『心。』）

69.

心のもっとも中心にある「真我」から世界をみて物事を判断できたら、その判断はけっして間違うことはない。なぜなら真我とはすなわち、この宇宙を宇宙たらしめている存在そのものだからだ。心をひたすらに磨いていって、真我そのものの意識になることができたら、この世のあらゆることが瞬時に理解できるはずである。

（『心。』）

70.

ふだんの生活のなかで、毎日の仕事のなかで、つねに自らの心を高め、魂を研磨し続ける。そのような生き方をしていれば、たとえ悟りにまで至ることはなくても、わずかなりとも「真我」に近づいていくことができる。そういう生き方をしている人は「宇宙の流れ」と合致している人であり、真我に近づくに従って、現実はよい方向へと転じていく。幸運に恵まれたすばらしい人生を送れるようになる。

（『心。』）

出典（いずれも稲盛和夫著・一部改変したものがあります）

61．『心。』204、205Ｐ（サンマーク出版）
62．『活きる力』32Ｐ（プレジデント社）
63．『[新装版] 成功への情熱』179Ｐ（ＰＨＰ研究所）
64．『考え方』40、41Ｐ（大和書房）
65．『人生の王道』256、257Ｐ（日経ＢＰ社）
66．『心。』186、187Ｐ（サンマーク出版）
67．『[新装版] 成功への情熱』48、49Ｐ（ＰＨＰ研究所）
68．『心。』156Ｐ（サンマーク出版）
69．『心。』157Ｐ（サンマーク出版）
70．『心。』159Ｐ（サンマーク出版）

稲盛和夫（いなもり・かずお）　一九三二年、鹿児島生まれ。鹿児島大学工学部卒業。五九年、京都セラミック株式会社（現・京セラ）を設立。社長、会長を経て、九七年より名誉会長。また、八四年に第二電電（現・ＫＤＤＩ）を設立、会長に就任。二〇〇一年より最高顧問。一〇年には日本航空会長に就任。代表取締役会長、名誉会長を経て、一五年より名誉顧問。一九八四年には稲盛財団を設立し、「京都賞」を創設。毎年、人類社会の進歩発展に功績のあった人々を顕彰している。著書に『生き方』『心。』『京セラフィロソフィ』（いずれも小社）、『働き方』（三笠書房）、『考え方』（大和書房）など、多数。

稲盛和夫オフィシャルホームページ
https://www.kyocera.co.jp/inamori/

【稲盛ライブラリー】
稲盛和夫の人生哲学、経営哲学をベースに、技術者、経営者としての足跡や様々な社会活動を紹介しています。

■所在地　京都市伏見区竹田鳥羽殿町9番地（京セラ本社ビル南隣り）
■開館時間　午前10時～午後5時
■休館日　土曜・日曜・祝日および京セラ休日
https://www.kyocera.co.jp/company/csr/facility/inamori-library/

信念を高める

二〇二一年　三月　二十日　初版印刷
二〇二一年　四月　五日　初版発行

著　者　稲盛和夫
発行人　植木宣隆
発行所　株式会社　サンマーク出版
〒一六九−〇〇七五
東京都新宿区高田馬場二−一六−一一
（電）〇三−五二七二−三一六六

印刷　共同印刷株式会社
製本　株式会社若林製本工場

ISBN 978-4-7631-9837-2　C0030
ホームページ　https://www.sunmark.co.jp